RAINBOW | 102

단단한 뼈

안일균 시집

초판 발행 2022년 11월 19일
지은이 안일균
펴낸이 안창현 **펴낸곳** 코드미디어
북 디자인 Micky Ahn
교정 교열 민혜정
등록 2001년 3월 7일
등록번호 제 25100-2001-5호
주소 서울시 은평구 갈현로 318-1 1층
전화 02-6326-1402 **팩스** 02-388-1302
전자우편 codmedia@codmedia.com

ISBN 979-11-89690-82-3 03810

정가 12,000원

이 책의 판권은 지은이와 코드미디어에 있습니다.
잘못 만들어진 책은 교환해드립니다.

단단한 뼈 | 안일균 시집

안일균

詩人의 말

길을 나서는 일은 두려움과 설레임을 늘 동반하는 것 같습니다. 흔히 모든 길은 로마로 통한다고 합니다. 그러나 인생길은 내비게이션처럼 정확하게 목적지를 미리 정해놓고 갈 수도 없습니다. 결국은 운명처럼 한곳에서 만나겠지만 살다 보면 순간순간 수없이 많은 선택의 갈림길에서 방황하고 길을 잃을 때가 있습니다.

험한 산길을 오르거나 거친 바다를 항해할 때 진흙탕 같은 길을 걸어갈 때 감당하기 힘든 후회감이 밀려들 때가 있습니다. 하지만 지나온 삶은 다시 되돌릴 수 없는 운명과도 같은 길이었습니다. 순간의 선택들이 최선은 아니었지만 결코 후회할 일은 아니었습니다.

어린 시절부터 시는 내 삶의 일부였고, 농숙한 시인이 되기를 꿈꾸는 다락방 같은 것이었습니다. 아득했던 시심들이 이제 미약하나마 하나, 둘 나에게 운명과도 같은 새로운 길을 만들어 주었습니다. 천고의 지혜는 깨어있는 마음이란 믿음으로 또다시 길을 나섭니다.

누군가 이 부끄러운 시를 읽고 작은 위안이 되고 용기를 얻는다면 더없는 보람으로 여기고 싶습니다. 시집을 내놓기까지 묵묵히 응원해 준 가족에게 그리고 물심양면으로 지도해 주신 지연희 교수님과 문우들에게 깊은 감사를 전합니다.

2022년 11월
안 일 균

차례   시인의 말 · 4

1부   단단한 뼈

단단한 뼈 _14

돌탑 _15

창가에서 _16

회색도시 _18

송홧가루 _20

문고리 _21

잡초 1 _22

잡초 2 _24

황제 나비는 길을 잃지 않는다 _25

벽걸이 시계 _26

동굴 속에서 _28

형제봉 _30

어미 사랑 _31

엄마의 화원 _32

유전자 주의 _34

2부　　바람개비

신두리 사구 _38

손칼국수 _40

속도 _41

인생역전 _42

나무 서기 _44

지금은 단식 중 _46

한 번쯤은 _47

안부 _48

영전에 부쳐 _50

삿갓 대피소 _51

안개 _52

모뗌 _53

바람개비 _54

마스크 _56

망종 _58

차례

3부   기억의 들

봄비 _62

봄, 가을 사이 _63

수목원 가는 길 _64

바지랑대 _66

동막골 징잡이 _67

바리캉 _68

조롱박 _70

정신줄을 놓다 _71

선 _72

예당 저수지 _74

장대비 _75

손 _76

가을 호수 _77

길을 묻다 1 _78

기억의 들 _79

오래된 선풍기 _80

4부   오늘 하루

까치밥 _84

산모퉁이 돌아 들꽃 피는 집 _85

가을의 깊이 _86

가마우지 _87

고추밭과 어머니 _88

공존 _89

고인돌 _90

겨울 향기 _91

바램 1 _92

바램 2 _94

흐르는 사랑 _95

하얀 가을 _96

한 사람 _97

오늘 하루 _98

선영아, 사랑해 _99

운탄고도 _100

차례

5부 나브도요

커피 한 잔 _104

코스모스 _105

내 안에 그대가 있다 _106

나브도요 _107

노란 향기 _108

눈길 _109

기다림 _110

길을 묻다 2 _111

멀어져 간 사람아 _112

바람꽃 친구 _113

사랑하라 _114

그리움 _115

가을 손님 _116

가을을 날다 _117

가을의 단상 _118

단단한 뼈

구멍 뚫린 뼛속으로 아이들이 자라고
더위에 지쳐 빙하처럼 무너져 내리던 늑골은
흙바람에 섞여 흔적조차 찾을 수가 없습니다

-「단단한 뼈」중에서

1부

단단한 뼈

단단한 뼈

쉼 없이 흐르던 맑은 피로
내 몸속에 단단한 뼈를 만들기 위해
거친 손끝은 온통 나에게로 흘러들었습니다

품속으로 파고드는 어린 투정을
끝없이 받아내기 위해서도
당신은 언제나 단단해야 했습니다

구멍 뚫린 뼛속으로 아이들이 자라고
더위에 지쳐 빙하처럼 무너져 내리던 늑골은
흙바람에 섞여 흔적조차 찾을 수가 없습니다

해마다 그날이 오면
액자 속에 훈장처럼 새겨진 당신의 광대뼈가
가시처럼 가슴 속을 파고듭니다

돌탑

구불구불 깊은 산길을 달린다
계곡의 바위틈을 지나 쏟아져 내리던 물줄기
저 혼자 무심히 발 아래 꿈틀거린다

깊은 산중에 소리없이 들어와
빗장을 잠그고 세상과 단절한 백담사 노승들은
하안거에 묵언수행 중이다

머리를 치켜들고 일주문을 들어섰던
어느 과거의 시간들은 썩은 이끼의 돌덩이들
황금빛 봇짐에 다시 채워간 인연들이 떠난 지 오래다

세월이 만들어냈던 허상들을 하나씩 거두며
저 계곡 아래 가슴을 쓸어내며 쌓여가는 상처
한 사람이 두 사람이 되고 두 사람이 온 세상이 된다

소란스러운 하루 해가 님의 침묵에 머물고
천 년 후에나 풍상에 씻겨져 내려갈 돌탑들
산길을 따라 어둠은 늦은 저녁 예불에 나선다

창가에서

황조롱이가 소나무 분재 같은 나를 바라본다
꼬리깃을 세우고 머리를 조아리며
날개 없는 나를 손가락질을 하고 있다

높다란 창문을 활짝 열어젖히고
그놈이 나의 왼팔에 안겨와 콧노래를 부를 때
그의 향기와 근엄한 자태가 나를 깨운다

언젠가 비바람의 끝을 느낀 적이 있다
비바람의 맛은 혀끝에만 있는 것이 아니라
코끝을 자극하는 저 땅속의 흙냄새에도 있었다

창밖에 무성한 잎들이 붉게 물들고
하나, 둘
새처럼 날개를 펴고 활공을 시작할 때
나는 산 채로 맥없이 주저앉아 바라만 보았다

한나절의 햇빛과 한 모금의 물만 먹고 자라던 나도
이제 깊숙이 물들어 가야 한다

물든다는 것은 뜨거운 상처를 끌어안는 것이다

저 두껍고 투명한 유리창에 노을빛이 물들 때
까마득한 절벽 위에 바람과 마주한 독수리처럼
나의 날개는 비로소 지상으로 돌아가는 것이다

회색 도시

나지막한 토담집이 밤사이 썰물에 밀려가고
밀물에 선지 창이 하늘에 걸려 있다

마천루摩天樓 옆 한 귀퉁이
누군가 하루하루 한숨을 토해내며
그들만의 하늘을 만들었다

콘크리트의 진동
사람들의 불협화음이
맹수처럼 그들의 심장 속에서 끓는다

산촌에 뿌리를 뻗던 관목들도
콘크리트에 머리를 처박고
텃새들은 동토의 땅에서 길을 잃었다

소나무는 철사 줄에 솔방울만 매달고
왕 대나무는 삭발을 하다가
옹벽 담장 밑에서 말라 죽었다

19층에서 지하주차장까지
스카이 드롭 35초!
낯선 사람들의 맥박이 꿈틀거린다

송홧가루

　봄바람아 더 거세게 불어라 어디든 더 멀리 날아가 푸른 들 푸른 숲을 만들어 보자

　가눌 수 없는 슬픔에 젖어 멈출 수 없는 눈물일지라도 더 이상 그들을 원망하지 말자

　눈물이 강물처럼 흘러 오월의 슬픈 눈동자처럼 우리들의 가슴에 멍이 들어도

　화려함 뒤에 감춰진 추한 얼굴들 가시를 달고 살아가는 장미꽃처럼 낮은 담장도 감히 넘지 못하고 있구나

　꾀꼬리가 하늘을 날고 풍매화가 바람을 탄다

　바람으로 살아가야만 하는 너 구중궁궐 어전의 수라상에서 나와 두메산골 촌부의 밥상에도 오르라

　산야에 흩날리던 저 흐릿한 기억들 어느 젊음에 쓰러진 백골이던가 무심한 묘비에 송홧가루 날린다

문고리

반쯤 삼킨 지하에 들어앉아
지상에 흐르는 소리에 귀를 연다
소리인지 정적인지, 미동조차 없는 벽을
애타게 더듬는 느릿한 촉수

어깨보다 높은 창문을 털고
단절된 문지방을 넘어서야만 할
유일한 수단은 검지 손가락

절벽 같은 단단한 세계가 존재하여
경계는 누구도 허물지 못하는 소유인지라
희망은 바람결에 흩어지는 망상뿐이다

도대체 간절함이란 무엇인가
해독할 수 있는 암호는
문고리

두드림은 그저 세상 밖의 일이다

잡초 1

잠시 머무는 곳이라도
애꾸눈 세상은 모두가 장애인
잘난 눈높이에 희망을 걸고
잘난 자리에 미련을 두지 말자

잡초야

바람에 실려
파도에 밀려
이국땅 외딴섬 언덕 위에
황토를 발라 토담집을 짓고
싸리를 엮어 낮은 울타리를 치고
이름 모를 새들과 짐승들을 맞이하자

파도에 밀려온 바람을 송풍기 삼아
아궁이에 햇살을 슬며시 밀어 넣고
이른 저녁밥을 지어보자

밤이 익으면 호롱불을 밝혀

망망한 바다에 거친 숨결 쏟아내고
망촛대 가지 끝에 피어날 별들에게
내 작은 꿈들을 빌어보자

잡초 2

나도 네가 쓸모없다고 생각했어
눈으로만 보면 너는 분명 쓸모없는 존재일 거야
처음부터 그런 것은 아니지만
너보다 세상이 더 커지면서 알게 되었어

이름도 없이 살아가고 있는
너보다 더 낮게 엎드려야 할 이놈의 세상은
왜 자꾸 크게만 보이려고 하는 거지

깃대 같은 허리가 휘어지고 끊길 때마다
더욱 강인해지는 저 땅 밑의 뿌리
쓰러지지 않고 살아 숨 쉬는 이유가 있어

메마른 한 줌의 흙을 부여잡고
네가 있어야 할 자리에 영혼들이 떠돌고
언젠가 내게도 이름 하나쯤은 붙여지겠지
개망초보다 더 어눌한 이름으로

황제 나비는 길을 잃지 않는다

봄은 지평선 넘어 남에서 오고
바람이 누운 숲을 토닥여 풀잎들을 깨울 때
너울너울 춤사위로 나를 부른다

진한 오렌지빛의 가녀린 영혼
천상의 날개로 눈부신 태양을 살라 먹고
전설 속 원초적 본능을 깨우는
삼천팔백 킬로미터 대장정의 거룩한 숭고崇古
황제 나비는 길을 잃지 않는다

봄은 처음처럼 갈라선 북으로 가고
하얀 기침 소리 깃발처럼 허공에 떠돌 때
아지랑이 피어갈 녹슨 철조망 너머
망각의 껍질을 벗고 다시 비상을 꿈꾼다

벽걸이 시계

초침이 쏜살같이 원을 그린다
분침과 시침은 멈추어 있는 듯 시치미를 떼지만
다 눈속임이다

내가 잠든 사이
내가 외출한 사이
내가 잠시 한눈을 파는 사이에도
살금살금 지구의 공전주기에 맞춰서
배터리 수명이 다할 때까지
자기의 역할을 하고 있는 것이다

초침은 하루이고
분침은 한 달이요
시침은 일 년이다

어둠이 내려 밤이 삭혀진 지금
불을 켤 수가 없다
무엇이 두려운 것이다
아니 시간을 들킬까 봐

도둑맞은 시간 앞에 마주 설 수 없는 것이다

동그라미에 갇힌 나를 꺼내기 위해
빗자루로 둥근 원을 말끔히 지우고
시침을 뚝 떼어 냈다

시간을 멈추어 세우는 일
남의 일이 아니었다

동굴 속에서

바오밥나무 열매가 사라진 뒤
짐승인지 사람인지 분간할 수 없는 그림자가
자본이 남긴 찌꺼기 주변을 어슬렁거린다

백야의 불빛은 막다른 천국의 계단을 오른다

깊게 내려앉은 어둠이 걷히는 새벽
날카로운 발톱 대신 시간의 바퀴를 달고
갈대보다 키가 큰 나무가 고개를 내민다

과거에 머물 수밖에 없는 원시인
현재에 머물 수밖에 없는 사람
미래에 머물 수밖에 없는 아바타
통로는 과거와 현재와 미래가 연결된 동굴이다

클릭 클릭 클릭
타임은 사이버 세상 속으로 흐르고
어린 짐승들은 모두 맹수들의 표적이 된다
바보 같은 세상에 천국의 문이 열리고

미래에서 온 상자들이 트랙으로 옮겨진다

화살은 인간의 생명에 불꽃을 다시 피우고
사람 사는 세상만 통로에서 머뭇거리고 있다
2021년이라는 동굴 속에서

형제봉

반딧불이 화장실을 지나
형제봉으로 향하는 산길
인파에 떠밀리듯 광교산을 오른다

굴곡진 능선을 따라 애기단풍 사이로
곱게 물든 햇살이 발그스레 내려앉고
돌계단은 등산객을 힘겹게 받아내고 있다

갈참나무 숲 사이로 이어진 둘레길
도시를 탈출한 뒤엉킨 영혼들이
꾸물꾸물 쏟아져 여기저기 나뒹굴고 있다

주머니 속 계륵 같은 알갱이들이
푸석한 찌꺼기가 되어 흩날리다
산 아래 무덤하게 일렁이는 호수로 스며든다

세상을 버티고 선 저 허욕의 끝
다시 돌아갈 미련인데
저만치 형제봉의 산허리는 아련하다

어미 사랑

세상에 던지는 울음이
온통 바다가 되어 온몸으로 밀려갔다
끝없는 절규로 돌아옵니다

바다보다 깊은 사랑
그 무엇과도 바꿀 수 없는 사랑으로
당신의 분신을 키워 갑니다

커가는 뒤척임에 놀란 가슴
실눈 부비시며 나를 보듬고
당신의 제 살을 깎아 나를 채우며
품속으로 안아 듭니다

항시 멀리 있어 볼 수도 없는 것
소리 없이 찾아와서 남김없이 주고
바람처럼 떠나갈 때
비로소 알게 되는 당신의 사랑입니다

엄마의 화원

어슴츠레한 새벽녘
낡은 플라스틱 통 하나 손에 들고
슬그머니 현관문을 나선다

뒤꼍에 후두둑 후두둑
밤비가 간간히 내렸나 보다
다람쥐, 청솔모가 깨어나기도 전
구부정한 검은 그림자 하나

아침 이슬 비탈길에 미끄러져
얼굴에 속 깊은 상처가
아직 채 아물지도 않았다

설 잠든 거실의 아들 곁
방금 한가득 주워온 생밤들
튼실한 놈만 골라 입 속에 넣는다
손끝에 온기가 더 진하다

먼 길을 돌아 가고 싶은 곳

그리운 사람 보고싶은 얼굴도
언제나 간직하고 묻어둔 품속
엄마의 화원이다

유전자 주의

살다보면 현기증이 날 때가 있다
평범한 일상이 그리운 증상일 것이다
다반사가 뭐 그리 대단한 일이라고 생각하지만
그건 어리석은 착각일 뿐이다

먼 조상으로부터 기생해 온
아니 몸속에서 스스로 조금씩 키워왔던
악성의 세포 덩어리들이 내 몸을 잠식하며
어느 날 갑자기 불청객처럼 찾아와
나를 맥없이 무너뜨릴지도 모른다

잠시 태양이 비켜 세우고 있는 지금도
날마다 자신과 무의식의 사투를 벌이고 있다
아무리 어긋난 필연이라고는 하지만
쉽게 물러설 줄 모르는 것이다

한때 생각 없이 자만에 빠졌을 때
삶을 송두리째 나락으로 빠지게 만드는 것
그것은 먼 조상으로부터 물려받은
또 하나의 이기적 유전자다

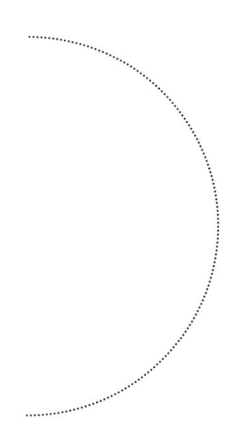

누구나 흔히 겪는 일인데도

누군가 나에게 물어줄
그 안부가 그립습니다

-「안부」중에서

2부

바람개비

신두리 사구

짜르르 소리에 놀란 솔바람이
게딱지보다 빠르게
잔가지 사이로 미끄러져 나간다

젊은 시간들이 바람을 몰아
달음질치며 내닫는 언덕을 넘어
소년이 바람을 끌어안고 갈대숲에 눕는다
철늦은 해당화는 살며시 꽃눈을 털고

이집트 사막의 피라미드가
여기서 옮겨 갔는지
사구는 바람에 일렁이고 시간에 갇힌다

제 살을 먹고 흘러서 쌓인 저 피안

붉은 노을에 흠뻑 젖어
흔적 없이 수면 위로 사라지는 저 갯벌도
달에 착륙했던 인류의 첫 발자국도
모래언덕의 바람이 되었는지 알 수가 없다

어느 황혼의 긴 꼬리 그림자는
해안을 따라 아득히 멀어져만 가고

손칼국수

얼굴을 손바닥으로 박박 문질렀다
손가락이 어둠 속에 갇혀 까맣게 잠들고
새벽은 쉬이 오지 않았다

비틀거리며 바다로 내달려 갔다
출렁이는 바다를 모조리 마셔 버리고 싶었다
쉽게 내장을 채워 내리란 착각 속에서

백지 위에 활자와 바닷물을 섞었다
투명해질 때까지 바글바글 끓여 보았지만
여백이 차지해야 할 양은냄비 속엔
바지락만 딱딱한 입을 꼭 다물고 있었다

다시 손바닥으로 땅을 딛고서
바닷물을 마시고 내장을 비워냈다
어렴풋한 형상들이 환상처럼 아른거린다

손칼국수 한 그릇 끓여내는 일은
백지 위에 불어넣어야 할
몽당연필의 까마득한 절규다

속도

시간은 본능적으로 직진이다
길은 바람이고 물결이다
어떻게 가는지는 중요치 않았다

속도는 시간의 뜀박질이다
내달리고 멈추고 소리를 지르며
질주하는 한 편의 영화를 찍는 것이다

낯선 얼굴을 닦아 본다
빤질한 기름기는 사라지고
몸뚱이에 거친 파도가 일렁거린다

크고 작고 길고 짧은 시간들
문득문득 가만히 들여다보면
무작정 길을 나서던 시절이 그립다

앞을 보는 것보다
뒤를 돌아보는 것이 더 익숙하다
속도는 고장난 브레이크다

인생역전

세탁기에서 멜로디 소리가 나네요
알았어요
설거지통에 빈 그릇이 많아요
그런가요

오늘 재활용 분리하는 날이에요
깜박 잊었네요
낡은 넥타이와 구두는 버리세요
아직 쓸 만한데요

청소기는 돌리셨나요
거실 상태가 별로 맘에 들지 않아요
그러면 당신이 하면 안될까요
어림 반 푼어치도 없지요

언제부터인지 알 수가 없다
갱년기가 시작되고부터였는지
중년으로 접어들 무렵부터인지
일상에서 역할이 바뀐 것이다

나는 외출이 줄고 그녀는 외출이 늘고
백화점에 간다는 그녀를 만류해 보지만
눈요기만 하고 온다던 사람이 쇼핑백을 들고 온다
무엇을 얼마에 샀는지 물을 수가 없다

슬금슬금 눈치를 보던 그녀가
종종 맥없는 나를 바라본다
타협은 없다 욜로족이 된 것이다

호르몬의 반격, 인생역전이다

나무 서기

선다는 것은 심장 깊숙이 기둥을 세우는 일이다
혈관에 촉촉이 스며든 단물을 마시며
성장판이 막혀 허리를 잔뜩 움츠리고
주름살 같은 흔적들을 만드는 일이다

두꺼운 껍질을 벗어 버리고
지면 위로 파릇한 고개를 들어 내밀 때
끈적한 날개는 수호신처럼 햇살에 물들어가고
뿌리와 한 몸이 되어 이 우주를 탐한다

외롭게 세상에 나선 하늘 아래
견뎌내야 할 많은 날들이 기다리고 있다
새들의 지저귐에 귀를 열고 물소리에 잠들며
비바람에 뒤뚱거리며 눈보라에 흔들거려야 한다

중심을 잃을 수 있는 것은 존재하지 않는다
휘어지고 꺾여지며 날개를 펴지 못하는 것들은
주름살의 의미를 말하지 않는다

그저 감내할 일이란 걸 알기 때문이다

세상을 지탱하는 것은 힘이 아니다
날 선 눈초리도 불필요한 것이다
한쪽 가지에 꽃을 피우기 위해선
다른 가지를 뻗어 중심을 잡는 일이다

지금은 단식 중

광교산 촛대바위
하늘과 땅이 만나는 자리
다람쥐는 악다구니를 하고 합장을 한다

속살까지 뿌리를 드러낸 굴참나무 숲
까만 발톱으로 파다가 파내다가
산문山門에 입산금지 경고문을 내걸었다

탐욕스러운 손길들이
굶주린 멧돼지처럼 흰 눈깔을 뒤집고
이글거리던 구릿빛의 족적들이 남긴 산기슭

약수암 풍경 소리 잦아들고
원시의 동한거冬寒居에 비틀거리며
다람쥐 한 마리 지금은 단식 중

(낙엽은 동풍에 밤새 뒤척거리고
휘청거리는 골목길은 밤을 삼키고 있다)

한 번쯤은

비가 오는 날엔
바보 같은 세상이 있어
아무도 모르는

세상을 이고 사는 건
너에겐 큰 고통일지도 몰라
가늠조차 할 순 없지만

한 번쯤은
심장이 꿈틀거릴 때
또 한 번쯤은
심장이 멈추었을 때

창가에 기대
빗줄기 가르는
낯익은
발자국 소리를 듣자

안부

누군가 요즘을 묻습니다
별일은 없는지
그런 그에게 죽지 못해 산다고 합니다
그냥 예의차 하는 말인데

건강은 어떤지 묻습니다
그냥 그럭저럭 살핀다고 합니다
매우 걱정돼서 묻는 게 아니라
그냥 인사차 묻는 것인데

사업은 잘 되냐고 묻습니다
몸만 고달프고 득이 없다고 합니다
잘 돼도 목구멍이 포도청이라고
사업이 원래 그런 것인데

요즘에 나만 한 일
건강에 나만 한 일
사업에 나만 한 일

누구나 흔히 겪는 일인데도

누군가 나에게 물어 줄
그 안부가 그립습니다

영전에 부쳐

당신의 영전 앞에
당신처럼 준비 없이 왔습니다

당신의 환한 미소가
초면인 나를 반기듯
사람들은 당신의 미소에 말을 잊었습니다

당신이 남겨놓은
빛바랜 사진 한 장
아무것도 느낄 수가 없습니다

병풍이 갈라놓은 거리가
바로 지척인 것을
사람들은 머물 틈 없이 길을 떠나고
가슴은 풍선처럼 터질 듯합니다

삿갓 대피소

바람에 실려온 눈길 위를
남김없이 걷다가
지친 몸을 달래며 눈을 감는다

배낭보다 더 큰 꿈을 끌어안고
고단한 몸 이리저리 뒤척이다가
슬그머니 가재미 눈을 떠 본다

아직 맞이할 새벽은
저만치에 있고
아린 바람이 창문을 두드린다

고운 꿈들이 내게로 온다
밤하늘 커다란 달무리에 안겨서
온몸으로 산처럼 달려온다

안개

모퉁이를 막 돌아서면
장막 너머로 펼쳐질 신비의 세상
눈먼 사람처럼 아무것도 볼 수가 없다

지도 속에 표시된 좌표의 무덤 속
발자국만큼 내 그림자는 하나씩 지워져 가고
안개는 하마처럼 길을 삼키고 있다

보이지 않는 길

비상 신호등을 켜며 정지선에 멈춰 섰다가
다시 정지선을 밟고 길을 나선다
낯선 자동차의 초행길처럼

모땜

파란 물감이 묻어나는 들녘
오월의 농심이 어린 싹으로 돋아나
저만치 제 논에 모땜하는 이

굽이굽이 논둑길을 따라
온통 푸르더니
여기저기 이 빠진 빈자리

저벅저벅 발을 놓으니
물방울들이 쪼르륵 쪼르륵 뒤를 따르고
구불구불 흙탕물이 좁은 길을 열었다

모 한 포기를 쿡 찌르니
땅심으로 자리를 틀어 눈웃음을 친다

등허리로 오월 햇살을 가려도
이마에 한 땀은 제 논으로 쏟아져
털썩 넋을 놓으니
잔물결 따라 봄바람에 묻어나는 녹음은
막걸리보다 더 독하고 진하다

바람개비

하얀 깃발을 휘날리며
들바람에 바람개비가 돈다
움찔 움찔 겨우 열여섯 살 나이에
스포츠머리 찬 바람이 새벽부터 분주하다

붉은 깃발을 휘날리며
칼바람에 바람개비가 돈다
부르르 부르르 두꺼비 같은 서른다섯 나이에
이슬처럼 끈적한 상처 많은 바람이 땅을 적신다

파란 깃발을 휘날리며
봄바람에 바람개비가 돈다
느릿느릿 선다, 돈다
쉰셋 나이에 준비된 헛바람이 길을 잃었다

노란 깃발을 휘날리며
날바람에 바람개비가 돈다
비틀비틀 이리저리
쉰일곱의 나이에 리허설도 없이 방향타를 잃었다

존엄

가치

행복

삼원색 깃발을 휘날리며

바람개비가 돈다

푸드득 푸드득 칠삭둥이 열여섯 갓 나이에

습관처럼 한곳에 터를 잡고 돌아간다

십자로 한복판에

바람개비가 비틀거린다

꿀꺽꿀꺽 태풍의 눈

수퍼급 허리케인이

긴 코를 벌름거리며 째려본다

난기류에 역류하며

바람개비가 돈다

마스크

불청객이 담장을 훌쩍 뛰어넘어
모퉁이를 돌아 인파 속으로 사라진다
이내 경고음이 울리고
흔적들은 쓰나미처럼 널브러져 있다

COVID-19란 바코드가 붙여지고
수배령이 내렸지만 속수무책이다
증상은 세포분열처럼 파상적이다
사회적 거리를 만들며 마스크를 쓴다

절대자에 대한 불신으로 닫힌 문
어린 생명들이 수없이 스러지자
성난 파도에 떠밀려 와서는
낡은 숫자들만 난파선에 표류한다

야성들이 남겨놓은 유산
초조한 시간들을 기다린다
그저 흘러가는 것이 유일한 길인지
얼마만큼의 거리가 남아 있을까

심장의 맥박이 뛴다
이내 사그러질 원초적 잔재
마스크를 벗어 버리고
그와 멋쩍게 웃는 일이다

망종芒種

세 치 혓바닥으로
논바닥을 더듬어도
마른 물기 하나 없다

지진이라도 났나
거북이 등짝처럼
논들이 입을 벌려 하늘을 받들고

물길마저 잃은 하천엔
시커멓게 탄 속살 사이로
씨 뿌리지 않은 억새풀만 무성하다

오십, 일백, 이백 미터
농부는 땅끝까지 지하수를 뚫어댄다
얼마나 파고들어 갔을까
관정管井에서 졸졸 물을 쏟아낸다

아물지 않은 새벽
농부는 물꼬만 바라본다

망종亡終인가

그놈의 못자리엔

가을 잎이 누렇고 시커멓다

한 줌이라도 좋다
빈손이라도 좋다
거기 그렇게 기댈 만한 힘이 있다면

-「바지랑대」중에서

3부

기억의 들

봄비

황소바람처럼 시샘도 없이
영혼을 깨우러 우리에게 왔다

약속도 없었는데
황매화, 목련이 서로 인사를 하고
수수꽃다리는 이슬을 머금고
동면에서 깨어나 기지개를 켠다

세슘, 요오드 다 잊고
묵은 옷을 벗고 가슴을 열면
설레임도 두려움도 낯설지 않다

내 마음에 봄비가 내리면
질주하는 역사만큼이나
행복도 소리 없이 나를 적신다

봄, 가을 사이

봄을 맞이하는 것은
희망이고
여름을 기다리는 것은
화려한 외출이다

가을을 마주하는 것은
반추이고 겨울을 끌어 앉는 매듭이다

봄과 가을 사이
여름의 경계도 없이
철없이 길가에 핀 영산홍이
곁가지 끝에 가을빛을 먹고 있다

봄 늦은 연분홍 꽃잎들이
계절의 경계를 넘나드는 건
질서를 거르는 착각의 연속이다

수목원 가는 길

바다를 끌어안고 굽이쳐 도는 푸른 숲 속
물오른 가지에 산비둘기가 구구국구 봄의 적막을 깬다

전쟁터에 죽어가는 자의 울음소리 같기도 하고
지하도 돌계단에 주저앉아 구걸하는 노숙자의 애원 같기도 하다
저 멧비둘기의 속마음을 난 알 수가 있다

덜꿩나무, 애기동백, 공작단풍, 산철쭉, 백송
숲은 저마다 각자의 이름표를 하나씩 달고 살지만
우크라이나 마리우폴 어느 산부인과 병원은
폭격으로 제 이름도 갖지 못하고 죽어가는 생명들이 있다

수목원에 생장하는 야생화와 옹골찬 소나무들
길섶에 어우러진 억새풀마저도 서로 차별하지 않는다
이기와 진영의 논리라는 단어조차 알지를 못한다

살아서 천 년 죽어서 천 년을 산다는 주목이

동유럽에서 불어오는 비릿한 바닷바람을 꿀꺽 삼키고
있다

　백 년도 살지 못하며 참혹한 이기를 부리는 저 결단은
누구를 위한 침략인가

　노루귀가 쫑긋,
봄은 여전히 남녘에서 오고 있다

바지랑대

한 줌이라도 좋다
빈손이라도 좋다
거기 그렇게 버틸 만한 힘이 있다면

외줄타기 같은 운명일지라도
약간의 무게여야만 한다
촘촘한 무게가 바람에 날려 사라질 때
나는 더 외로움을 느낀다

무게는 무게여야 한다
그녀의 여윈 허리가 굽어져
더 이상 다다를 수 없을 때
나도 그만큼 허리를 내려놔야 한다

바람결에 외줄을 타던 잠자리도 보이지 않고
간간히 눈물만 글썽이는 그림자가
저녁놀에 눈 아린 낡은 창문을 닫는다

한 줌이라도 좋다
빈손이라도 좋다
거기 그렇게 기댈 만한 힘이 있다면

동막골 징잡이

개구쟁이 악동들을 앞세운 풍물패가
동네 공터 한복판에서 마을을 흔들고
담장을 엿보는 경숙이의 옷고름이 흥겹다

날라리가 삐리리 삐리릴리 나발을 불며
꽹과리 휘모리 장단에 온 마을이 잔칫날이다
어른들은 머리 고기에 막걸리 한 사발을 들이켜고
월남치마 아낙들이 옹기종기 수선거린다

앞서거니 뒤서거니 풍악 소리 요란하고
뒷전의 징잡이가 이따금씩 울려대는 징소리는
절간에 들어앉은 범종 소리보다도 더 묵직하다

동네 한복판을 가르는 4차선 도로가 뚫린 후
아스팔트를 내달리며 질주하는 요란한 굉음 속으로
놀이패도 아이들의 웃음소리도 사라진 지 오래다

동막골의 징잡이를 고집하며 사셨던 분
흘러간 시간만큼 내 안에 스며든 울림의 소리들
아버지의 추억이 저만큼 달아나고 있다

바리캉

달력을 보지 않아도
한 달에 꼭 한 번은
머리에서 느껴지는 묵직함이 있다

누적된 짐을 내려놓듯
하얗게 물들어 가는
머릿결에 들러붙은 불편한 감각들이
스멀스멀 배어 나오는 것이다

내 스타일을 잘 아는 이발사가
붓 끝을 다듬듯 더벅머리를 매만질 때마다
한 움큼의 잡념들이
눈송이처럼 하얗게 맨바닥에 내려 앉는다

가만히 거울 속을 들여다보니
희끗한 한 남자가 스르르 눈을 감는다

옹이가 박혀있는 낡은 의자는
뒷마당에서 뒤틀리며 삐걱대고

바리캉을 든 아버지의 거친 손끝에
시큼한 향기가 코끝을 스친다

까까머리 부끄럽던 어린시절
달아나는 소년을 억지로 홀끈 붙든다

먼 기억 속의 향기마저 사라져버린
날 선 도시에 해물든 늦은 오후가
아물아물 졸음에 묻힌 중년을 깨운다

조롱박

기껏
고작 한 해를 살려고
토담집 울타리 초가지붕 가리지 않고
낫 놓고 기역 자도 모르는 그 집에
순백의 박꽃으로 수를 놓고는
주렁주렁 조롱박으로 자라납니다

하필
계집아이 몸매로 태어나 잘난 것도 팔자라
어여쁜 몸매 속살과 씨가 발려
누렁이에 걷어차여 버림을 받고

남은 육신은 껍데기인 채
따가운 햇살을 받아 내어
너의 분신 표주박으로 태어나서는

길손이 머물 우물가 언저리
계절을 마다 않고
그 진한 삶의 끈을 지켜냅니다

정신줄을 놓다

혜화역 3번 출구
우르르 쏟아져 나온 인파 속
국지성 호우에 우산을 급히 펼쳐 든다

질풍노도의 시기를 지나
바람결에 떠밀려 가는 사람들의 휘청거림
초행길과 익숙한 길이 뒤섞여 파도처럼 밀려간다

길은 나이와 남녀노소를 가리지 않는다

해마다 정신줄을 놓다가
다시 병원의 언덕길을 오른다

길은 비탈진 언덕길을 넘어서는 일이다

검정 우산으로 하늘을 가리고
오락가락 제정신이 아닌 나를 두고도
이 비 그치면 저 피안의 언덕에
풀꽃들이 무성히도 피어나겠지

선

맨발을 들여놓는 순간
그 안에 꼼짝없이 갇혀 버리고 말았다

점들이 끌고 가는 길 위에
하나씩 채워지는 꼬리들의 집합
불빛은 세상을 혼미해지게 하는 유령들이다

경계를 넘나드는 선에는
어떤 벽도 존재하지 않는다
허물어야 할 벽은 내 안에만 있는 것이다

무게의 중심이 한쪽으로 기울면
금방이라도 사라져 버릴 것 같은 뜨거운 심장
선 위에 붉은 점들을 꾹꾹 찍어 놓으면
흔적은 흔적대로 거기 그렇게 선명히 남는 것이다

점들은 하나의 또 다른 선이 되고
균형점을 따라 입체의 길들이 나타난다

선의 좌표가 필요 없는 공간 속으로
입방체의 늙은 형상들이 꼬리를 물고
지구 밖 궤도를 이탈하여 흩어져 나간다

예당 저수지

미움 한 점
가슴 속에 묻어두고
홀연히 떠나던 예당 저수지

사랑은 다 부질없는 일이라고
예당정 난간에 새겨놓은 글귀가
오늘은 더욱 선명하다

호숫가 언저리
태공은 또 무슨 추억을 낚아 내려는지
낚싯줄엔 찬 이슬만 걸려 있다

아련히 피어오른 안개를 밀며
물오리 한 마리 날아와서는
부지런히 물질을 하고
또 어디로 가려는지
머무르지 않는 날갯짓을 한다

장대비

마치 기다렸다는 듯이
밤새 달려온다

놈들은 돌아서 오는 법이 없다
곧장 마른 땅에 곤두박질치듯
하늘에서 내리꽂히는 검은 독수리다

하늘 끝에서 뻗어 내려
송곳니로 담벼락을 무너뜨리고
단단한 바윗돌까지 뚫어댄다

숨 막히는 갈증의 끝
절망에 갇혀버린 내 안에서 나와
끝없이 울렁대는 바다를 삼켜 버린다

진흙탕물에 뒹굴더라도
망각의 껍질을 벗어 버리고
굽힘 없이 바다로 내리쳐 간다

손

파란 물감으로 묻어나는 기억
거미줄처럼 얽힌 굴곡의 사선들
손목에서 뻗은 생명선이 뤼순에 이른다
상처는 약지의 손 안에 깊이 머물고
장인掌印은 다시 나를 깨운다

가을 호수

작은 배 가득히
가을이 담겨서
돛단배 하나 밀려온다

무겁지도 않고
가볍지도 않은
딱, 가을만큼만 담고서

가을을 안고
하늘을 안고
무수한 별을 안아
호수는 엄마의 젖가슴처럼 따듯하다

오는 것과 가는 것은
사람의 마음과 돛단배

가을 호수가 그립다
그 사람이 그리운 것처럼

길을 묻다 1

가는 길이 멀다고
일찌감치 길 떠난 이
돌아오는 길은 없는데
가슴 시린 속내 묻어만 두고 갔다

갈 길은 재촉하지 않아도
인파에 떠밀리듯 세월은 가는데

젊어서는 노도와 같더니만
늙어서는 눈물 어린 눈부처같이
별똥별처럼 툭 하고 떨어진다

얼마만큼은 허망해도
공덕 없이 살아가야만 하는 일
산모퉁이 돌아 들꽃을 보며

숲속의 오거리를 지나고
오솔길 육거리 즈음에
노을 지는 석양에 길을 묻는다

기억의 들

발등에 젖은 풀잎들을 스치며
검정 고무신 끌고 간 언덕
고갯길 마루에도 하루아침이 열린다
풀피리 잎들도 가만히 일어선다

산자락 힘겹게 일궈 앉힌 논둑길
다랑이논에도 봄물들이 스며들고
겨우내 절벽처럼 무너져 내린 논두렁에
곧 자란 굴참나무 말뚝을 힘겹게 때려 박는다

소금꽃 등짝에도 하루 햇살이 물들고
멍에를 메고 가는 짐승의 숨소리 힘겹다
목줄에 매달린 워낭소리 절간에 들어앉고
늙은 황소와 쟁기꾼이 긴 하루를 끌고 간다

운명 같은 굴레가 살 속 깊이 파고들어
어깨에 주먹만 한 혹을 달고 살았던 분
얼마를 넘고 또 넘어가야만 했을 길
지난한 하루의 기억들이 들녘에 젖는다

오래된 선풍기

까맣게 잊고 살아온 날들이 많았다
턱 밑까지 숨이 들어찰 때야 비로소
어둠 속에 갇혀있는 벽장 속을 더듬거린다

돌다, 섰다를 반복하며 바람을 일으켜
광활한 창공을 나는 비상을 꿈꿔보지만
날개 없는 새처럼 날개만 파닥거리고 있는 것이다

우두커니 앉아 거실 한곳을 차지하고
오래된 등나무처럼 꼬이며 엮어간 시간 속에
미미한 세월들은 원점에서 묻히고 있다

한 계절 날개가 일으켰던 바람도
곰처럼 동면하듯 세상과 단절된 공간에선
적막과 함께 동거하는 계륵 같은 더부살이다

욕심은 낡은 것으로부터 오지 않는다
이미 오래된 것에 대한 익숙함으로
세상사는 일에 그저 순응하는 것이다

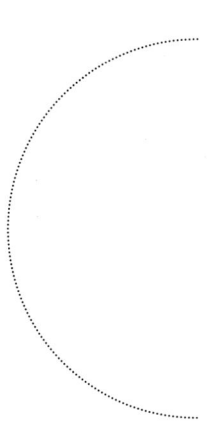

3 · 기억의 들

해 물든 거리에 바스라져 나뒹구는
저 누런 몸짓을 감당할 가을의 깊이는
세상에서 가장 낮은 또 다른 오름이다

- 「가을의 깊이」 중에서

4부

오늘 하루

까치밥

우두커니 앉아 가을빛을 본다
뻔뻔하게 최대한 외롭지 않게
필로티 끝에 심지를 굳히고
저녁으로 기우는 노을을 본다

밤마다 쫓기는 악몽들이
빈곤한 현실로 다가올 때
도망치듯 달려가는 희망이 서럽다

내달리는 시간들이 깊어 갈수록
품어야 할 꿈은 더욱 희미해지고
내 안에 갇힌 굶주린 욕망들은
시멘트 담벼락을 기어오른다

가지 끝에 매달린 저 황혼
떨어지고 남은 마지막 곡예
까치밥이 바람을 타고 새들을 부른다

아직, 기다림이 남아

산모퉁이 돌아 들꽃 피는 집

타닥-타닥
토담골 장작불이 이글거리는
산모퉁이 돌아 들꽃 피는 집엔
옹달샘만큼의 별 이야기가 있다

침묵이 끌고 가는 시간
네 맘속에 들어가도
알 수 없는 속삭임
무수한 별들이 엿듣고 있다

너는 너이며
나는 나인 채
사그라진 재 위로
장작 하나가 또 던져진다

원두커피와 침묵
별도 내 맘도 잠들어 버릴까
매콤한 연기가 코 밑을 파고든다

가을의 깊이

파란 하늘에 떠도는 구름이
거실 창가에 걸터앉은 자화상 같다

스며들어 물오른 땅 위의 기운들
스러짐은 없다고 생떼를 쓰지만
오만은 한 발짝도 더 나아갈 수 없다

올가미에 갇혀 헤어날 수 없는
땅 위의 기운들이 내려앉는 가을은
녹녹하지 못한 깊은 회한이다

쓸쓸한 바람과 빗줄기의 무게로
화려한 껍질들을 모두 벗어 버리고
알몸뚱이가 되어 서로 마주 서는 것이다

해 물든 거리에 바스라져 나뒹구는
저 누런 몸짓을 감당할 가을의 깊이는
세상에서 가장 낮은 또 다른 오름이다

가마우지

목선을 가장 낮게 몰아가야 한다
욕심들이 바구니에 가득 담겨
잔잔한 물결을 따라 은밀하게

혼탁한 물속으로 잠영을 시작할 때
물살을 가르는 파동을 감지했을까
물고기들이 재빨리 꼬리를 감춘다

지느러미가 돌 틈에 가려지기 전에
물고기가 수초로 방어막을 치기 전에
온몸으로 달려가 정확히 낚아채야 한다

목줄기를 타고 흐르는 비린내
승리의 짜릿함을 감지했을 때
어부의 손아귀가 숨통을 조이고
목구멍에 하루가 겁탈당하고 있다

가득 채워져야 할 어부의 몫은
가마우지의 생존이다

고추밭과 어머니

이고랑 저고랑
꿈같은 잎들을 흔들며
치마끈 끌고 간 흔적마다
쇠비름 바랭이 널브러져 있다

늘어진 젖가슴 사이
따가운 햇살은 붉게 타들어 가고
끈적한 정오에 매달린 지문 없는 가녀린 손길
빠알간 물방울 똑-똑 따고 있다

앞마당 뒷마당
코끝에 매운 불을 사르고
이리저리 뒤틀며 남기고 간 흔적들

고춧대 앙상한 가지에
깨알 같은 눈발이 잠들고
바람 든 낡은 초가집 희미한 불빛은
창살에 붙어 숨을 고르고 있다

공존

해가 서쪽에서 떠서 동쪽으로 진다
다시 서쪽은 동쪽이 되고
해는 동쪽에서 떠서 서쪽으로 진다

어느 하루의 나른한 오후
지구촌의 한 하늘을 끌어안고
누군가 런던에서 아침식사를 한다

과거의 삶들이 현재로 달려오고
현재라는 고속 열차가 차창을 스치듯
현재의 삶들은 또 먼 미래로 달려간다

살아있는 모든 것들이 원시와 동거 중이다

하늘 밑에서 깨어나는 시간은
우주에서의 하루와 같이
과거에서 미래로 흘러가는 은하수다

고인돌

울컥하고 토해낸 돌덩어리
짓눌린 고통의 무게로 말이 없다

거북이 등짝처럼 버티어 서서
함부로 펴지도 못했을 당신의 등허리

그림자 없는 먼 새벽 강을 건너고
이제 비로소 찾아들 안식의 시간

먼 산 어린 뻐꾸기 울면
지겟작대기 더듬거리며 걸어 나온다

겨울 향기

향기엔 눈이 없다
옷깃에 스치는 바람으로
입술에 젖어드는 촉감으로 너인 줄 안다

겨울엔 향기가 없다
외투 속에서만 꿈꾸고 있을 뿐
겨울 향기는 바람 같다

겨울의 향기는
눈길에 새겨 두는 게 아니라
가슴속에 녹아들게 하는 일이다

겨울을 다 녹이고도 남을
기나긴 시간과 두려움 속에서
너무 망설이지 않아도 좋다

겨울 향기는 새콤한 바람처럼
햇살에 곱게 물드는 노을 속으로
흠뻑 젖어드는 사랑이다

바램 1

눈을 뜨고도
앞을 가릴 길 없이
짙은 안갯속
지리한 하루가 지나고

창밖에 스치는 추녀 끝
낯익은 소리
밤으로 나직한 음률을 따라
귓전으로 똑-똑 울린다

긴 여행길에서조차
내게 남은 미련을 두지 않으실는지
황망한 마음 한구석
여린 가슴을 조여 조심스럽다

온몸으로 부대끼며 살겠노라던
그분의 말씀을 까맣게 잊고서도
이 비 그치면
환한 미소로 돌아올 것 같다

짖궂은 바램이련가
굵어진 빗줄기는
밤으로 오시는 길
굳-이 막아설까

바램 2

밤으로 기어들어와 사람이길 바라던 내가
눈 뜨고 차마 보지 못한
어둠의 속 나의 세상을 만든다

눈도 없는 더듬이로 까만 정원을 만들고
하늘 지붕을 베개 삼아 엮은 인연의 매듭들이
수직으로 이어질 듯 사라지는 날카로운 선을 따라
오늘도 하룻밤의 별똥별을 쫓는다

부질없이 목줄을 내어 소리쳐 돌아올까
손끝으로 느껴오는 차디찬 경련

그것은 벌써 먼 과거의
헛된 바램

흐르는 사랑

알 수 없는 곳에서 싹을 틔워
봇물처럼 일어나서는
온몸을 휘감아 넋을 잃게 하고
미미한 곳에서도
사랑은 참으로 아름다워라

턱없는 욕심에 발목이 매어
깊은 골 그늘진 숲속에서
천 배의 고통으로 흘러들어
사랑은 벼랑 끝 세상이라

주저함이 없어도
마다함이 없이도
흐르는 게 사랑인 것을
혹자는
비가 온 뒤에 땅이 굳는다 한다

하얀 가을

나뭇가지 사이로 노란 잎이 집니다

메마른 가지에 단비를 머금고
가녀린 잎을 털어낸 하얀 몸으로
쓸쓸한 갈바람이 제 살갗에 스칩니다

봄, 여름을 지나는 자작나무 숲에
하얀 가을들이 찾아옵니다

봄물에 가득 차 하늘을 날듯
늦여름 푸른 숲에 채 물들지 못하고
지상의 또 다른 만남을 준비합니다

가을은
겨울과 봄, 여름의 매듭입니다

한 사람

처음으로 오는 길이
유일한 길도 아니었는데
갈지자로만 걷는 너를 바라본다

힘겹게 아침을 달려온 너를
한 번도 웃으며 안아주지 못하고
목마처럼 늘 똑딱거리기만 했다

약속처럼 가을이 오자
뜨거운 여름을 가슴에 안고
철새처럼 떠나는 한 사람이 있다

오늘이 멀어져 가는 일도
매 순간 소중한 추억이 되고
아프지만 모두 지나가는 일이다

오늘 하루

오늘은 어떤 하루를 보내고 있나요
화난 표정은 아니지요
웃으면 복이 온대요

오늘은 어떤 꽃으로 피고 있나요
화려하기만 하고 향기가 없는 건 아니지요
향기 없는 꽃은 사랑이 없지요

오늘의 열매는 잘 맺어가고 있나요
덜 익어 떨떠름 하지는 않나요
너무 걱정하지 마세요
서리가 내리면 저절로 익어 간대요

오늘 하루도 조바심 나는 중년인가요
너무 걱정하지 마세요
굵직하게 주름진 얼굴이
오늘도 잘 익어가고 있어요

선영아, 사랑해

한 줄기 햇빛이 더욱 그리운데
한파에 밀려온 추위에 옷깃을 여미는
사회적 거리의 체감은 더블 지수다

하얀 입김을 ㅎㅎ 불며
달리는 시내버스 유리창에 ♡를 그린다
"선영아, 사랑해!"

한 해가 눈밭에 날리는 이 겨울
가슴에 가득 찬 불덩이 끌어안고
반달곰 얼굴에 점 하나 찍는다

운탄고도

흰 눈 위에
발자국을 꾹꾹 새겼다

돌아보니
운탄고도에 새겨진 건

흔적 없는 바람뿐이다

하늘을 안고
우주에서 바라보면 넌
나의 별이다

신작로 길가를 지나던
한 소녀를 유혹했던 너

-「코스모스」중에서

5부

나브도요

커피 한 잔

철없던 시절이었다
무작정 달려들어 물어뜯던 야수의 본능
어쩌면 순수한 열정의 돌발이었다

말하지 않아도 알 만큼의 시간들
늘 웃으며 알 수 없는 말들을 속삭인다
중요한 건 내 마음에 익숙하다는 것

일상처럼 되어버린 습관성 증후군
그것만으로도 채워지는 행복은
설레임 그 이상의 가을에 만추

많은 날을 지나 찾아온 여분 사이로
한 계절 밀려든 유혹에 헤어나지 못하고
커피잔에 영혼들이 허공으로 흩어진다

코스모스

우주를 품고
멀리 멕시코에서 온 별
1년생 관상식물이라 부른다

하늘을 안고
우주에서 바라보면 넌
나의 별이다

신작로 길가를 지나던
한 소녀를 유혹했던 너

길을 가다가 차를 세우고
나도 덩달아 네가 좋아졌다

가을이다
사랑하자
별만큼만

내 안에 그대가 있다

내 안에 다른 사람
두 손 마주 잡은 백년가약으로
그대와 꽃밭을 만들었습니다

천상의 인연이라지만
날이 새면 수많은 언약들도
아침 이슬처럼 한순간에 사라져 버리고
부질없는 꿈들을 위하여
그대 가슴에 아픈 상처만 새기며
미운 오리 새끼처럼 홀로 남았습니다

나를 보다가
문득 그대를 보다가
춘사월에 터져 나온 꽃망울처럼
방울방울 작은 꿈들을
내 안에 다시 담아봅니다

나브도요

가던 길을 멈추게 하는 곳
누구를 기다리고 있는지
꽃향기 스치는 창가엔 빨간 의자가 있다

카페의 주인은 분홍빛 누굴까
팔레트에 물감을 이리저리 풀어 놓고는
화선지에 붓 칠을 마음껏 휘두르는 화가일까

분주하게 스쳐 지나가는 S라인
말총머리 여인의 호탕한 웃음소리에
벌 나비가 놀라 꽃 속에 숨어 버린다

푸하하, 발랄함에 정감이 넘쳐서
날마다 오늘도 천객만래千客萬來라
사람의 향기가 꽃보다 더 진하다

카푸치노, 입술의 거품처럼 부드럽다
아메리카노, 쓴맛이 단것인 줄 안다
나브도요, 너의 이름이 보약이다

노란 향기

노란 꽃잎 위에
노란 봄이 찾아옵니다

노란 마음속에도
노란 가슴속에도

사랑처럼
꿈처럼
노란 꽃이 물듭니다

사랑은
노란 향기 가득 물든
봄물 같습니다

눈길

보고 싶은 사람만 바라보고 살 수 없을까
눈길만 저만치 거리를 내어주는 사람이 있다
서운한 생각이 들 때마다
슬쩍 눈 끝을 살펴보지만 그건 착각이다

눈으로 보는 길과 마음이 다가서는 길
사이와 사이에는 그만큼의 하얀 여백이 있다
다가서고 싶은 만큼의 거리를 유지하는 일
그건 그에게 주어진 미어캣 같은 삶이다

눈길은 언제나 외길에서 만나고
옷깃 같은 바람으로
첫 눈길 같은 설레임으로
길에서 길로 이어지는 인연이다

눈길은
때로는 화살처럼 훅하고 날아드는 것이다
저 뜨거운 눈빛처럼

기다림

기다림은
설레임이고 두려움이요
조바심과 마주하는 일이다

기다림은
시간이고 마중물이요
누군가를 바라보는 일이다

기다림은
과거와 현재와 미래에 다가오는
종종걸음이다

길을 묻다 2

말똥한 파란 하늘
황량한 대지의 땅에
숨 가쁜 호흡들

구슬 같은 땀방울
온몸으로 적셔도
일상은 온통 혼돈의 상태

가을밤 늦은 꿈에
가위에 눌려
도망치듯 달려온 질곡의 터널

얼마만큼 왔는지
얼마만큼 가는지
가늠해 보지만

하나
둘
희미해지는 이정표는
어둠 속에 하얗게 물든다

멀어져 간 사람아

호박돌 하나, 둘
실개천 징검다리에
이슬로 새기며 오시던 이

살얼음 같은 가슴으로 그대를 맞이하고
광대처럼 미쳐가며 어설픈 재주를 부리던
그런 나를 그대는 모르리

알아가는 깊이만큼이나
내가 그대에게 바로 서지 못할
천만 근의 무게였던가

그리움도 추억으로 변해갈 때
원망만큼이나 쌓인 이끼들을 닦아내며
그대를 보내는 건

멀어져 간 사람아
그대를 잊지 않기 위함이라

바람꽃 친구

이제 와 너를 피워내는구나
다 지고 없는 풀섶에
아무렇게 피어나는 꽃처럼

덩그러니 꽃잎으로
갈바람에 흔들리며 피워내는

나그네여,
갈마른 친구여

붉게 물들지 않아도
하얀 들꽃으로 살아간 들

사랑이여,
들꽃이여,
내 늦은 바람꽃 친구여

사랑하라

그저, 살아가는 일이라고
혼자 가슴을 털어낼 때가 있습니다
고통의 한가운데 있을 때
굴레에서 벗어나야만 알 수 있는

너 자신을 이해하고
너 자신을 용서하고
너 자신을 사랑하라

바스러진 파편의 조각들마저
주워 담을 수 없을 땐
버리지 않고는 알 수 없는
그런 상태로 그냥 내버려 두자

누군가를 이해하고
누군가를 용서하고
누군가를 사랑하라

그리움

처마 끝에 걸린 산자락
아침햇살로 길이 열리고
굽이-굽이 산길 따라
서리꽃은 벌써 흔들립니다

발등까지 쌓인 순백의 그리움
노을빛으로 다 흩어져도
까치발 같은 발자국조차
아직 없습니다

밀물처럼 스며드는
숨결 하나
그리움 둘
텅 빈 하늘에 성긴 별로 새겨집니다

가을 손님

멀리서 오셨네요

봄을 따라서
여름을 벗고
가을을 덮고
살며시 온 님

하늘은 높고
마음은 깊어
사랑은 오네

만추의 낙엽
길가에 앉네

가을을 날다

하늘이 파랗다
양털 구름 위로
찬란히 물든 꽃밭으로
쓸쓸한 땅으로

햇살이 스치고 간 자리
나비도 잠자리도
아침이슬처럼 날아 앉는다

날고 싶은 것이 그들뿐이랴
노을빛에 물든 갈대들도
화려함 앞에 바람으로 떨린다

철늦은 오리가 비상을 준비하고
먼지처럼 스러져 흩날리고 마는
하늘 위로 한 계절이 지나가고 있다

알바트로스처럼 뒤뚱거리며
절벽 같은 세상에 몸을 실어
이 가을을 날고 싶은 것이다

가을의 단상

늦가을 바람 소리에 귀를 열고
갈마른 계절을 지나 먼바다에
쓸쓸히 무너지는 파도 소리를 듣는다

노을에 물든 처녀가 바람을 일으킨다
가지를 벗어난 나뭇잎이 허공에 파르르
주술에 걸린 무녀의 마지막 옷고름

영원히 피어있을 것 같은 꽃들에
강마른 땅 위에 너울처럼 요동치던 바람에
대지의 바다로 한 생명이 내려앉는다

춤판이 끝나버린 소슬한 일렁거림
유일한 관객도 지금은 귀를 닫고
거리의 수면 위로 울컥이는 바람이 차다

5 · 나브도요

오늘 긴 수면睡眠 끝에 기지개를 켜 웅장한 삶의 서사를 세상에 펼쳐놓은 안일균 시인의 시집은 단단한 의식의 태동이며 든든한 시문학의 뿌리를 땅속 깊이 심는 일이다.

- 「작품 해설」 중에서

작품 해설

**무한한 허공의 공백에서
찬란한 창조의
존재를 향한**

·

지연희

| 작 품 해 설 |

무한한 허공의 공백에서
찬란한 창조의 존재를 향한

지연희 (시인, 한국여성문학인회 이사장)

아득한 미지의 세상을 향한 독백일까. 숨 막히는 경주의 처절함, 기절 앞에서 솟아나는 수혈 같은 것, 시인들은 그렇게 간절한 죽음의 그늘에서 부활하고 있다. 무한한 허공의 공백에서 찬란한 창조의 존재를 향한 쉼 없는 날갯짓의 몸부림, 비로소 한 줌의 환희를 꽃피우는 기쁨을 공손하게 품에 안는 일이다. 오늘 긴 수면睡眠 끝에 기지개를 켜 웅장한 삶의 서사를 세상에 펼쳐놓은 안일균 시인의 시집은 단단한 의식의 태동이며 든든한 시 문학의 뿌리를 땅속 깊이 심는 일이다. 언제나 성실하고 단호한 시인의 시 세계를 심도 깊이 천착하면서 일찍 발견하지 못한 작품들까지 만날 수 있어 여간 감사한 일이 아닐 수 없다.

쉼 없이 흐르던 맑은 피로
내 몸속에 단단한 뼈를 만들기 위해
거친 손끝은 온통 나에게로 흘러들었습니다

품속으로 파고드는 어린 투정을
끝없이 받아내기 위해서도
당신은 언제나 단단해야 했습니다

구멍 뚫린 뼛속으로 아이들이 자라고
더위에 지쳐 빙하처럼 무너져 내리던 늑골은
흙바람에 섞여 흔적조차 찾을 수가 없습니다

해마다 그날이 오면
액자 속에 훈장처럼 새겨진 당신의 광대뼈가
가시처럼 가슴 속을 파고듭니다
                                    － 시 「단단한 뼈」 전문

반쯤 삼킨 지하에 들어앉아
지상에 흐르는 소리에 귀를 연다
소리인지 정적인지, 미동조차 없는 벽을
애타게 더듬는 느릿한 촉수

어깨보다 높은 창문을 털고
단절된 문지방을 넘어서야만 할
유일한 수단은 검지 손가락

| 작 품 해 설 |

절벽 같은 단단한 세계가 존재하여
경계는 누구도 허물지 못하는 소유인지라
희망은 바람결에 흩어지는 망상뿐이다

도대체 간절함이란 무엇인가
해독할 수 있는 암호는
문고리

두드림은 그저 세상 밖의 일이다
— 시 「문고리」 전문

 시 「단단한 뼈」의 출구는 당신으로부터 연결된 탄생의 필연으로 시작된다. '나'의 전신 속에 단단한 뼈를 만들기 위한 노력이었으며 단단한 성장을 세워주기 위한 끝없는 당신의 고뇌로 점철되었다. 그러므로 어느덧 당신의 구멍 뚫린 뼈는 빙하처럼 무너지고 흙바람에 섞여 흔적조차 찾을 수 없는 저 먼 세상의 이름으로 액자 속에 그림자로 걸려있는 것이다. 시인이 당신이라 지칭하는 깊은 그리움의 존재는 다하지 못한 불효의 아픔으로 해마다 그날(제삿날)을 숙연함으로 맞이하고 있다. '품속으로 파고드는 어린 투정을/ 끝없이 받아내기 위해서도/ 당신은 언제나 단단해야 했습니다// 구멍 뚫린 뼛속으로 아이들이 자라'고 지금 당신의 광대뼈가 가시처럼 가슴을 파고든다. 시 「문고리」는 세상과 단절된 지하 공간이라는 어둠 속에 격리된 한 인물을 만날 수 있다. 빛의 정도를 반쯤 삼킨 지하에 들어앉은 화자의 현실은 엄혹하게 분리되고 소외된 대상이다. 지상에서 흐르는 소리에 귀를 기울이지만 소리인지 정적인지 미동조차 없는 벽을 애타게 더듬는 느릿한 촉수의 인물이다. 어깨보다 높은 창문과 단절된 문지방, 그에게 주어진 유일한 기회는 집게손가락으로 암호를 푸는 일이라고 한다. 그러나 두드려 벽을 열기 위한 문고리의 암호는 누구도 쉽게 허물지 못하는 두꺼운 경계이다. '두드림은 그저 세상 밖의 일'이라는 마지막 행 종결의 의미로 제시되었듯이 시인의 암시는 처절하게 몸부림치는 세상과 극도로 단절된 삶의 고뇌를 철저하게 주지시켜낸 시이다.

> 얼굴을 손바닥으로 박박 문질렀다
> 손가락이 어둠 속에 갇혀 까맣게 잠들고
> 새벽은 쉬이 오지 않았다
>
> 비틀거리며 바다로 내달려 갔다
> 출렁이는 바다를 모조리 마셔 버리고 싶었다
> 쉽게 내장을 채워 내리란 착각 속에서
>
> 백지 위에 활자와 바닷물을 섞었다
> 투명해질 때까지 바글바글 끓여 보았지만
> 여백이 차지해야 할 양은냄비 속엔
> 바지락만 딱딱한 입을 꼭 다물고 있었다

| 작 품 해 설 |

다시 손바닥으로 땅을 딛고서
바닷물을 마시고 내장을 비워냈다
어렴풋한 형상들이 환상처럼 아른거린다

손칼국수 한 그릇 끓여내는 일은
백지 위에 불어넣어야 할
몽당연필의 까마득한 절규다
 - 시 「손칼국수」 전문

비가 오는 날엔
바보 같은 세상이 있어
아무도 모르는

세상을 이고 사는 건
너에겐 큰 고통일지도 몰라
가늠조차 할 순 없지만

한 번쯤은
심장이 꿈틀거릴 때
또 한 번쯤은
심장이 멈추었을 때

창가에 기대
빗줄기 가르는

낯익은
발자국 소리를 듣자
  - 시 「한 번쯤은」 전문

  시 「손칼국수」는 바닷물과 조개국수가 어우러진 이미지에서 삶의 조화를 건져내려는 시인의 공력이 엿보인다. 본래 문학은 삶이며 한 냄비의 칼국수처럼 다양한 재료로 버무려내는 맛깔스러운 음식이 된다. 그럼에도 첫 연에서 제시하는 '얼굴을 손바닥으로 박박 문질렀다/ 손가락이 어둠 속에 갇혀 까맣게 잠들고/ 새벽은 쉬이 오지 않았다'는 음식을 조리하는 사물성이 의인화된 소재로 고뇌에 찬 한 사람이 겪는 불면의 암울함을 접목해 주었다. 비틀거리며 출렁이는 바다를 다 마셔버리고 싶을 만큼 창작의 고통을 표출해 냈다. 백지 위에 활자와 바닷물을 섞고 투명해질 때까지 끓여 보았지만 양은 냄비 속엔 바지락만 딱딱한 입을 꼭 다물고 다시 손바닥으로 땅을 딛고서 바닷물을 마시고 내장을 비워내고서야 어렴풋한 형상(글의 내용)들이 환상처럼 아른거렸다는 것이다. 한 그릇의 손칼국수가 비로소 한 편의 시로 탄생하는 과정이다. '손칼국수 한 그릇 끓여내는 일은/ 백지 위에 불어넣어야 할/ 몽당연필의 까마득한 절규'가 되는 아픔으로 조명되고 있다. 시 「한 번쯤은」에서 일상 속 반복되는 패턴의 삶에서 한 번쯤 벗어나 일탈의 자유를 누리는 행동은 생활을 보다 가치 있게 발전시킬 수 있다는 일이다. '비가 오는 날엔/ 바보 같은 세상

| 작 품 해 설 |

이 있어/ 아무도 모르는// 세상을 이고 사는 건/ 너에겐 큰 고통일지도 몰라/ 가늠조차 할 순 없지만' 이 시의 첫 번째 연은 어쩌면 누군가에게 던지는 메시지이거나 혹은 나 자신에게 다짐하는 메시지의 시일 것이다. 다만 '비가 오는 날'이라는 슬픔과 아픔을 쉬이 동반할 수 있는 한 구절의 의미는 각별한 메시지가 연상되고 있다. '한 번쯤은/ 심장이 꿈틀거릴 때/ 또 한 번쯤은/ 심장이 멈추었을 때// 창가에 기대/ 빗줄기 가르는/ 낯익은/ 발자국 소리를 듣자'는 깊은 정서가 아름다운 약속처럼 들려온다.

기껏
고작 한 해를 살려고
토담집 울타리 초가지붕 가리지 않고
낫 놓고 기역 자도 모르는 그 집에
순백의 박꽃으로 수를 놓고는
주렁주렁 조롱박으로 자라납니다

하필
계집아이 몸매로 태어나 잘난 것도 팔자라
어여쁜 몸매 속살과 씨가 발려
누렁이에 걷어차여 버림을 받고

남은 육신은 껍데기인 채
따가운 햇살을 받아 내어
너의 분신 표주박으로 태어나서는

길손이 머물 우물가 언저리
계절을 마다 않고
그 진한 삶의 끈을 지켜냅니다
　　　　　　－ 시 「조롱박」 전문

마치 기다렸다는 듯이
밤새 달려온다

놈들은 돌아서 오는 법이 없다
곧장 마른 땅에 곤두박질치듯
하늘에서 내리꽂히는 검은 독수리다

하늘 끝에서 뻗어 내려
송곳니로 담벼락을 무너뜨리고
단단한 바윗돌까지 뚫어댄다

숨 막히는 갈증의 끝
절망에 갇혀버린 내 안에서 나와
끝없이 울렁대는 바다를 삼켜 버린다

진흙탕물에 뒹굴더라도
망각의 껍질을 벗어 버리고
굽힘 없이 바다로 내리쳐 간다
　　　　　　－ 시 「장대비」 전문

| 작품 해 설 |

  시 「조롱박」은 한해살이 박과의 덩굴풀이다. 봄에 싹이 돋아 그해 가을에 열매를 맺고 생명을 다하는 덩굴손으로 다른 물체에 감겨 살고 있다. 무엇보다 조롱박이라는 열매는 그 날렵한 형상이 아름답기도 하지만 다양한 쓰임새로 활용되고 있다. 비단 한해살이 식물이지만 하나의 열매가 지닌 많은 씨앗이 땅에 묻혀 이듬해 싹을 틔우게 되면 엄청난 번식력을 보여준다. '기껏' 혹은 '고작'의 한해살이가 한 해를 살아내는 까닭이 무엇인지 짚어내게 한다. 하지만 '토담집 울타리 초가지붕 가리지 않고/ 낫 놓고 기역 자도 모르는 그 집에/ 순백의 박꽃으로 수를 놓고는/ 주렁주렁 조롱박으로 자라'나는 이 조롱박의 속성을 시인은 '길손이 머물 우물가 언저리/ 계절을 마다 않고/ 그 진한 삶의 끈을 지켜'낸다는 평생 농사꾼의 여인으로 일만 하던 저 먼 지난한 우리네 어머니의 질곡의 삶을 보듬어 주었다. 시 「장대비」의 시선을 따라가다 보면 극심한 모순에 항거하는 정의로움 같은 의지를 만나게 된다. '마치 기다렸다는 듯이/ 밤새 달려'오는 불청객이다. '놈들은 돌아서 오는 법이 없다/ 곧장 마른 땅에 곤두박질치듯/ 하늘에서 내리꽂히는 검은 독수리다' 무서운 공격력으로 달려드는 파괴자의 부릅뜬 눈이다. '하늘 끝에서 뻗어 내려/ 송곳니로 담벼락을 무너뜨리고/ 단단한 바윗돌까지 뚫어댄다// 숨 막히는 갈증의 끝/ 절망에 갇혀버린 내 안에서 나와/ 끝없이 울렁대는 바다를 삼켜버린다// 진흙탕 물에 뒹굴더라도/ 망각의 껍질을 벗어 버리고/ 굽힘 없이 바다로 내리쳐' 숨 막히는 나를 갈증과

절망으로 무력화시키는 일이다. 장대비는 시인의 전신을 무너뜨리는 극한의 좌절이 아닐 수 없다.

> 울컥하고 토해낸 돌덩어리
> 짓눌린 고통의 무게로 말이 없다
>
> 거북이 등짝처럼 버티어 서서
> 함부로 펴지도 못했을 당신의 등허리
>
> 그림자 없는 먼 새벽 강을 건너고
> 이제 비로소 찾아들 안식의 시간
>
> 먼 산 어린 뻐꾸기 울면
> 지겟작대기 더듬거리며 걸어 나온다
> — 시 「고인돌」 전문

> 해가 서쪽에서 떠서 동쪽으로 진다
> 다시 서쪽은 동쪽이 되고
> 해는 동쪽에서 떠서 서쪽으로 진다
>
> 어느 하루의 나른한 오후
> 지구촌의 한 하늘을 끌어안고
> 누군가 런던에서 아침식사를 한다

| 작 품 해 설 |

> 과거의 삶들이 현재로 달려오고
> 현재라는 고속 열차가 차창을 스치듯
> 현재의 삶들은 또 먼 미래로 달려간다
>
> 살아있는 모든 것들이 원시와 동거 중이다
>
> 하늘 밑에서 깨어나는 시간은
> 우주에서의 하루와 같이
> 과거에서 미래로 흘러가는 은하수다
> —시「공존」전문

시「고인돌」에서 제시한 '당신'이라는 인물의 메시지는 앞서 거론했던 시「단단한 뼈」의 '당신'과 동일한 아픔을 소유한 대상이다. 울컥하고 토해낸 돌덩어리의 짓눌린 고통을 등에 쥐고 있는 인물로 존재한다. 거북이 등짝처럼 버티어 서서 함부로 펴지도 못했을 당신의 등허리에서 수렴되는 자식 사랑의 등신불이다. 이제 비로소 그림자 없는 먼 새벽 강을 건너 평안을 누려야 할 텐데도 아버지는 '먼 산 어린 뻐꾸기(어린 혈손들) 울면/ 지겟작대기 더듬거리며' 고인돌 무덤 속에서 걸어 나오는 분이다. 평생을 산다는 건 내 아버지의 아버지가 그랬듯이 자식을 향한 맹목적 사랑을 놓지 못해서다. 당신의 등허리가 하염없이 굽어 거북이 등짝이 되더라도 이를 거부하지 못한다. 이는 생명 질서의 순리이며 내리사랑의 아름다움이다. 다만 그처럼 당신이 엮어내는 극명한 사랑을 깨우치는 시간이 되면 하염없는 아픔을 가시처럼 가슴에 심는다는 것이다. 시「공존」이다. '해가 서쪽에서 떠서 동쪽으로 진다'는 이 역설의 단호한 모순이 다시금 해는 동쪽에서 뜨고 서쪽으로 진다는 공존의 이유를 시인은 어느 날 실감하고 있다. '과거의 삶들이 현재로 달려오고/ 현재라는 고속열차가 차창을 스치듯/ 현재의 삶들은 또 먼 미래로 달려간다'는 것이다. 이 시의 행간에서 만나게 되는 삶의 패턴은 과거와 현재는 단절된 것이 아니라 과거로부터 현재라는 가치의 모든 끈은 연결되는 것이며 그 원시적 시작이 존재함으로 현재가 공존할 수 있는 까닭을 지울 수 없다는 것이다. 마치 먼 조상의 뿌리가 없었다면 오늘의 내가 존재하지 못하듯이 말이다. 그러므로 '살아있는 모든 것들이 원시와 동거 중'이라는 안일균 시인의 '공존'의 설법은 당연하게 아름다운 세상을 설계할 수 있는 것이다.

    말뚱한 파란 하늘
    황량한 대지의 땅에
    숨 가쁜 호흡들

    구슬 같은 땀방울
    온몸으로 적셔도
    일상은 온통 혼돈의 상태

    가을밤 늦은 꿈에

| 작 품 해 설 |

> 가위에 눌려
> 도망치듯 달려온 질곡의 터널
>
> 얼마만큼 왔는지
> 얼마만큼 가는지
> 가늠해 보지만
>
> 하나
> 둘
> 희미해지는 이정표는
> 어둠 속에 하얗게 물든다
> – 시 「길을 묻다 2」 전문

 길은 내가 걸어가야 할 절대적인 목적을 지니고 있다. 인간으로 태어나 누구도 함께하지 못할 금기의 것이다. 까닭에 우리는 각자 자신의 사고에 맞는 이상의 길을 걸어간다. 그럼에도 불구하고 시 「길을 묻다 2」는 '구슬 같은 땀방울/ 온몸으로 적셔도/ 일상은 온통 혼돈의 상태'에 머물 때가 많다고 한다. '가을밤 늦은 꿈에/ 가위에 눌려/ 도망치듯 달려온 질곡의 터널'을 만나고 다시금 어느 길로 가야 할 것인지 내가 걸어온 믿음의 길에 대한 신뢰를 저버리고 얼마만큼 왔는지 얼마만큼 가고 있는지에 대하여 가늠하지 못하는 것이다. 그 어떤 이의 삶이라 해도 예상한 그릇을 다 채울 수는 없는 까닭이다. '하나/ 둘/ 희미해지는 이정표는/ 어둠 속에 하얗게 물든다'는 좌절 앞에 서성이곤 한다.

안일균 시인의 시 읽기를 접는다. 묵직한 선물 다발을 받은 듯 한 편 한 편의 시가 단단하고 깊은 사유로 감동하게 했다. 시는 한 폭의 그림이다. 아름다운 그림을 넉넉히 펼쳐주어 감사했다. 나무랄 데 없는 시들을 감상하며 앞으로 시인이 지고 갈 문학의 토대가 더욱 든든하겠다는 믿음을 지닐 수 있었다. 긴 시간을 침묵 속에서 소리 없이 다듬어 준 안일균 시 문학의 성과에 큰 박수를 드린다. 열심히 도전하는 사람들에게는 이길 수 없다고 한다. 더 큰 내일로 성장해 주시기를 기원드린다.

RAINBOW | 102

단단한 뼈

안일균 시집